上品なのにかわいい
プリンセス・マナーブック

井垣利英

大和書房

プリンセスの 7 つの約束

1. いつも感謝の気持ちをもっていること
2. 思いやりにあふれていること
3. プラス思考なこと
4. 清潔感があること
5. キラキラしていて特別感があること
6. 謙虚であること
7. 素直なこと

もくじ

プリンセスの7つの約束　　　　　　　　　　　　　　　3

Lesson 1　エレガントなふるまい

基本は"静かにゆっくり"　　　　　　　　　　　　　10
エンピツのようにすっと立つ　　　　　　　　　　　12
座り方もさりげなく、美しく　　　　　　　　　　　14
ものを拾うときのやわらかなしぐさ　　　　　　　　16
きれいになれる歩き方の秘密　　　　　　　　　　　18

小さなマナー集　〈 美しい手の動き 〉　　　　　　20
小さなマナー集　〈 電車の中で 〉　　　　　　　　22

Lesson 2　デートのマナー

会った瞬間に心からの笑顔を　　　　　　　　　　　26
楽しいおしゃべりは、聞くことから　　　　　　　　28
自分のためのお買い物はデート以外のときに　　　　30
トイレではなく、お化粧室　　　　　　　　　　　　32
「おごるよ」と言われたら素直に「ありがとう」　　34
お返しは、さりげなく　　　　　　　　　　　　　　36
また会いたくなる別れのあいさつ　　　　　　　　　38

小さなマナー集　〈 ドライブに行くとき 〉　　　　40
小さなマナー集　〈 彼のおうちにお呼ばれ 〉　　　42

Lesson 3 お食事のマナー

テーブルマナーは感謝の気持ち	46
気持ちよく食べるための準備	48
サービスには感謝のことばでお返しを	50
食べるのは、料理と会話	52
特別な日は、レストランの予約も特別に	54
カップとの"出会いの法則"	56
お化粧室にいくタイミング	58
小さなマナー集　〈 ナプキンの使い方 〉	60
小さなマナー集　〈 ナイフ・フォークの使い方 〉	62

Lesson 4 西洋料理をいただくとき

スープは、スプーンの先とキス	66
パンはお口の消しゴム＆作業に使います	68
お肉は左から、一口ずつ切っていただきます	70
パスタはフォークだけでいただきます	72
ライスはフォークのくぼみにのせて	74
小さなマナー集　〈 立食パーティでのふるまい 〉	76
小さなマナー集　〈 おうちでおもてなし 〉	78

Lesson 5　日本料理をいただくとき

和食はお皿を持ち上げていただきます	82
まずはお吸物からはじめます	84
ふたつきの器はしずくに気をつけて	86
箸置きにいつも戻しましょう	88
指輪やブレスレットは外しておきます	90
食べ終わった器も美しく	92
小さなマナー集　〈 基本中の基本のお食事マナー 〉	94
小さなマナー集　〈 箸使いのタブー 〉	96

Lesson 6　お呼ばれのとき

訪問時間は5分前から定刻のあいだ	100
お尻を向けずに上がります	102
手みやげは風呂敷で	104
和室では"踏まない"	106
お手洗いでもエレガント	108
早めのおいとまがちょうどいい	110
お礼状は3日以内	112
小さなマナー集　〈 結婚式にお呼ばれ 〉	114
小さなマナー集　〈 気品あふれる話し方 〉	116

Lesson 7 プレゼントの心得

プレゼントは心を贈るもの	120
手みやげは季節のおみやげ	122
お礼は年中行事によせて	124
贈るなら、自分もおいしい産地直送	126
旅行みやげはその地の魅力をお福分け	128
お中元・お歳暮リストをつけておく	130
小さなマナー集　〈 贈り物の豆知識 〉	132

Lesson 8 きれいは毎日のくらしから

すべてのきれいは掃除から	136
ぴかぴか肌は食事がつくる	138
手がきれいはレディの証	140
光る靴で歩きましょう	142
電話・メールもきちんとルール	144
プリンセスの手帳	146
お花で部屋のうるおいを	148
眠るまえには温かい飲み物を1杯	150
小さなマナー集　〈 かばんの中身 〉	152
小さなマナー集　〈 大切な日の身だしなみ 〉	154
おわりに	156
ふろく　プリンセスのクローゼットの中	160

Lesson 1

エレガントなふるまい

Lesson 1−1
エレガントなふるまい

基本は"静かにゆっくり"

プリンセスのように優雅で美しいしぐさを身につけたいなら、基本は"静かにゆっくり"です。どんな動きも、なるべく音を立てず、ゆっくり丁寧に行うように心がけましょう。
「ゆっくりした動きは、だらだらしているように見えないかしら」という心配は無用です。"美しい姿勢"を保っていれば、"ゆっくり"は"優雅"に見えるのです。
　話すスピードや歩く速度は、少しくらい速くてもかまいません。大切なのは、「ドアを開ける」「イスに座る」「バッグを置く」「立ち上がる」など、ひとつひとつの動作を"静かにゆっくり"行うことです。
　そのために「時間に余裕をもつこと」をいつも心に留めておきましょう。
　たとえば、出かけるときも、時間に余裕があればドアを静かにゆっくりと開け閉めして玄関を出ることができます。気持ちにあせりやあわただしさがないので、バタバタ急ぐこともなく、優雅な身のこなしを実践できます。
　優雅さは、時間との上手なおつきあいからはじまります。「いつも時間に余裕をもって行動すること」がベースとなるのです。

Lesson 1 – 2
エレガントなふるまい

エンピツのようにすっと立つ

ただそこに立っているだけで、エレガントな雰囲気を感じさせる女性がいるものです。すっとして伸びやかな立ち姿。

　エレガントであるためには、姿勢のよさは必須です。天井から糸で引っ張られる感じで、背筋を伸ばして立ちましょう。横から見ると、耳、肩、中指、くるぶしが一直線の位置にくるように。体の中心に「1本の芯」が通った、エンピツになった様子をイメージして。

　手は、指先をそろえて両サイドにつけるか、前で軽く重ねます。前に重ねるときは、指を開かないように。そして、下になる手の指が多く見えるように、手と手を少しずらして、指をそろえて重ねましょう。

　よい姿勢を習慣づけると、猫背ぎみの人は、これまであまり使っていなかったおなかの筋肉を使うようになるため、ウエストが細くなるという嬉しいおまけがつきます。

　エンピツのような姿勢は、美しいしぐさ、歩き方、座り方など、すべての姿勢の基本となるもの。ぜひ身につけましょう。

Lesson 1-3
エレガントなふるまい

座り方もさりげなく、美しく

電車の中でも、カフェでも、あるいは机に向かっているときでも、なにげなく座っている姿は、自分で思っている以上に人から見られているものです。

　座る姿もさりげなく美しいのがプリンセスです。そのためには、いくつか気をつけなければならないことがあります。

　背筋をぴんと伸ばすのはもちろんのこと。どんなに疲れていても、背中はまっすぐにしましょう。座ったら、足をそろえて10cmくらい前に出します。こうすると、足がすらりと見えて上品なイメージに。イスの中に引っ込めると、足が太く見えてしまいます。

　つぎに、足はまっすぐ下ろしたほうが上品です。注意したいのは、足を流しすぎないことと、まえに出しすぎないことです。

　なにごとも控えめにするのが肝心。

　それから、足を組むと背骨がゆがんだり、足の形が悪くなってしまいます。足は組まないほうがいいでしょう。手は指先をそろえ、ひざの上で軽く重ねます。

　形を整えたら、肩の力を抜いて、ほほえみながら座りましょう。

　美しい雰囲気が、あなたの周りにきっと漂いはじめるはずです。

Lesson 1-4
エレガントなふるまい

ものを拾うときのやわらかなしぐさ

ものを拾うしぐさに、あなたの立ち居振る舞いのすべてが表れるといっても言いすぎではありません。"しゃがむ"という動作には、それくらい注意を払いたいところです。

　エレガントにものを拾うしぐさは、"S字の法則"と覚えましょう。まず、落ちているものの隣に立ちます。右手が利き腕の人は、ものの左側に（左手なら、右側に）。

　つぎに、スカートを利き腕、つまりものを拾うほうの手でそっと整えながらひざを曲げます。このとき、横から見ると、身体の線はS字になっているはずです。ひざを腕と反対側にねじって、お尻をかかとに落としてしゃがむ。そして、手をまっすぐに伸ばして、ものを拾います。注意点は、指先をそろえること。

　そして、立ち上がります。

　この一連の動作を"静かにゆっくり"、流れるように行うのがポイント。女性らしい美しさがにじみ出る、魅力的なしぐさです。

Lesson 1-5
エレガントなふるまい

きれいになれる歩き方の秘密

駅のホームで、あるいはカフェでぼんやり外を見ているときなど、思わずその姿を目で追いたくなるような歩き方の女性を見かけたことはありませんか？

　こうした素敵な歩き方も、コツさえつかめば、そんなにむずかしいものではありません。「正しい歩き方」を身につけると、足、おなか、お尻、二の腕が引き締まるというおまけもついてきます。

　基本は、おへその下を引っこめ、骨盤を安定させること。腕の振り方がポイントで、前後にまっすぐ、後ろの方へ振りましょう。そうすると、自然に前へ前へとからだが進み、颯爽と歩けます。ただし、胸を張りすぎると腰を痛めやすいので要注意。

　そして、バッグの選び方。上品さを目指すなら、腕にかけるタイプのものを選びましょう。でも、このバッグを手に持ってぶらさげたり、肩に引っ掛けたりしては、せっかくの女性らしさが消えてしまいます。バッグは腕にかけましょう。

　このとき、腕は内側に曲げて。外向きに曲げると人の邪魔になるうえ、見ためもよくありません。

　肩にかけるタイプのバッグは、背中側にもっていくのではなく、胸側にもってきます。体からはみ出さないように、バッグの持ち手に軽く手をそえて。

小さなマナー集

〈美しい手の動き〉

話しているときや食事中、ものを手渡すとき、ふと目に留まるのが"手や指先の表情"です。手の動きひとつで、女性らしい雰囲気が生まれるのです。いつも指先にまで、細やかな気持ちを行き届かせていましょう。

👑 方向を指し示すとき

手首が曲がらないように注意し、ひじから指先までまっすぐに伸ばして方向を示します。手のひらは相手側に向けましょう。心を開いているように、相手の目に映ります。なるべく体の正面を相手に向けるようにします。

👑 小指の法則

コップや湯のみをテーブルに置くときは、小指を先にテーブルにつけてから置くと、カタンと大きな音がするのを防げます。ティーカップの場合は、下におろすときにもういっぽうの手をカップに添え、添えた手の小指を先にテーブルにつけてから置きましょう。

👑 きつねの法則

ものをつかむときは「きつねの法則」と覚えましょう。指先がきれいに見える、エレガントなしぐさです。まず、手を"影絵のきつねの形"にして物をつかみます。つかんだら、そのまま反対の手元まで持っていきます。

👑 ものを渡すときは

片手ではなく、両手で渡すのがマナーです。相手に体の正面を向け、受け取りやすい位置で手渡しましょう。書類は内容がひと目でわかるように、必ず相手側に向けること。ペンなどの小物は途中まで両手で持ち、最後に片手で渡すときれいです。

👑 脚のついたグラスの持ちかた

ワイングラスなど脚のついたグラスを持つときは、親指と人さし指で脚を軽くつまむように持ち、ほかの指を添えるようにします。このとき、指先を斜めにそろえましょう。

小さなマナー集

〈電車の中で〉

電車の中は公的な場です。「ほかの人に迷惑をかけないこと」がマナーの基本であると心に留めましょう。多くの人から、それとなく見られていることを忘れずに。周りを気づかい、緊張感をもってふるまいましょう。

👑 きちんと見える座り方

電車で座るとき、足を斜めに流すと、隣の人の邪魔になります。まっすぐに下ろして座りましょう。ただし、後ろに引き気味に座ると、足が太く見えてしまいます。少しだけ足を前に出すと、すらりとした印象になります。

👑 バッグの持ち方

電車で座るとき、バッグはひざの上に寝かせないで、立てて持つようにします。両手はそろえて、バッグの中央に置きます。このとき手と手を離してバッグを持つと、ちょっとお行儀が悪く見えてしまうので要注意です。

👑 携帯電話が鳴ってしまったら

電車の中ではマナーモードが基本です。仕事先などから大切な電話がかかってきたら、「大変申し訳ないのですが、いま電車の中ですので、降りてからかけ直します」とことわり、次の駅で降りてかけ直しましょう。そのときは、最初におわびのことばを忘れずに。

👑 傘はぴたりとくっつけて

電車に乗るときは、傘はバラバラにならないように必ず留めておきます。濡れている場合は、傘袋に入れます。ほかの人の邪魔になるといけないので、自分にぴたりとつけて持つこと。折りたたみ傘は、たたんで傘袋に入れ、バッグの中にしまいます。

👑 声の大きさのめやす

電車の中で大声で話すのは、周りの人にとっては迷惑です。おしゃべりを楽しむのはかまわないのですが、相手にだけ聞こえるくらいの小声で話すよう心がけましょう。

Lesson 2
デートのマナー

Lesson 2-1
デートのマナー

会った瞬間に心からの笑顔を

第一印象は、会って10秒以内に決まるもの。
　デートの場合も同じです。会ったときの最初の印象が、ずっとあとまで相手の心に残るのです。
　だから、会った瞬間に心からの笑顔を相手に向けましょう。あふれる笑顔、キラキラした目の輝きによって、「会えて嬉しい」という気持ちがストレートに伝わります。
　笑顔は、どんな宝石よりもあなたを輝かせます。あなたがボーイフレンドに贈る、素敵なプレゼントと言えるでしょう。
「今日会うのを楽しみにしていたの」と、自分の気持ちを素直にことばにすることも大切。そのことばがお互いの心を開くきっかけになって、幸せで楽しい時間がスタートします。
　ちなみに、会った瞬間の笑顔はデートばかりでなく、友だちと会うときや仕事・面接の場でも大事にしたいもの。
　はじまりの笑顔が、その場の雰囲気をなごませ、心が通い合うようになっていくのです。

Lesson 2-2
デートのマナー

楽しいおしゃべりは、聞くことから

心から楽しみにしていたデート。話したいことはたくさんあるでしょう。
　でも、自分だけが一方的にしゃべってばかりいては、お互いの心をつなぐことはできません。人と話をするときは、むしろ相手の話に関心を持って聞く気持ちが大切です。
「話し上手は聞き上手」ということばがありますが、これはほんとうです。いっしょにいて楽しい話し相手は、こちらの話をちゃんと聞いてくれる人。相手と自分の話す時間の配分は、3：1くらいがちょうどいいのです。
　デートは、せっかくいっしょに過ごす2人の時間だから、有意義な時間にしたいもの。相手に話したいと思わせることが大切ですし、こちらも興味をもって相手の話を聞くのがマナーです。
　そのためには、相手の目を見て、うなずきながら話を聞きましょう。「そうよね」と共感して相づちを打つと、相手はリラックスして話すことができます。
　心から関心を持っていることがボーイフレンドに伝わって、もっとあなたと話していたいと思い、いっしょにいる時間が短く感じられるのです。

Lesson 2−3
デートのマナー

自分のためのお買い物はデート以外のときに

ショッピングは楽しい時間の過ごし方のひとつです。お友だちとのショッピングは楽しいので、ついボーイフレンドとも、と思いがちでは？

　でも、自分の買い物にボーイフレンドをつきあわせるのは、おすすめできません。女性が大半を占める売り場に男性を連れて行くと、相手に恥ずかしい思いをさせてしまうことがあるからです。

　とくに洋服や下着を選ぶときは、試着しているあいだ、相手を待たせてしまうことになるので、絶対に避けましょう。つまらない思いどころか、いたたまれない気持ちを味わわせてしまうかも。

　一方、ボーイフレンドの買い物につきあうのは、あなたさえよければ問題ありません。自分の趣味を押しつけない範囲で、あれこれ見立ててあげるのは、思いやりでもあるのです。

　いずれにしても、"自分のためのショッピングは、デートに持ち込まないこと"をルールと考えましょう。

Lesson 2-4
デートのマナー

トイレではなく、お化粧室

デートの途中でお手洗いに行きたくなったら、ボーイフレンドになんと言って席を立つか、ためらってしまうところです。
　ガマンする必要は少しもありません。
　ただ、ことばの選び方に気をつけること。
「トイレに行く」ということばは、生理現象そのものをイメージさせてしまうので避けましょう。「お手洗い」または「お化粧室」ということばをつかうのがエレガントです。
　食事が終わったときなどタイミングを見はからって、「ちょっとお化粧を直したいの」、あるいは「お化粧室に行ってきます」などの遠回しな表現で、ボーイフレンドにことわりましょう。
　"お化粧直し"という行為がイメージされ、女性らしい奥ゆかしさが感じられるのです。

Lesson 2-5
デートのマナー

「おごるよ」と言われたら素直に「ありがとう」

ボーイフレンドに「おごるよ」と言われたら、素直に「ありがとう」と受けましょう。
「今日はわたしが払うから」とか「割り勘で」なんて言うと、せっかくごちそうしようと張り切っている相手に、気まずい思いをさせてしまうことだってあるのです。
　ごちそうしてもらうときは、ボーイフレンドがお財布を取り出してお金を払っているシーンを見ないようにするのがマナーです。レジで真横に立つのは絶対にやめましょう。
「じゃあ出ようか」というとき、「ちょっとお化粧室に行ってくる」と、そのタイミングを利用して化粧直しに行くのもひとつの方法です。また、先に店を出て外で待つのもいいでしょう。
　デートは夢のあるもの。現金のやりとりなどは見ないのがプリンセスです。
　ボーイフレンドがドアを開けて出てきたら、そこで「ごちそうさまでした。ありがとう」と感謝の気持ちを笑顔で伝えます。
「ケーキがおいしかった！」「ステキなお店だったね」「盛りつけがおしゃれ」など、ひとこと感想を言う気づかいも忘れずに。
　そんな小さな思いやりから、さらに楽しい時間がふくらんでいくことでしょう。

Lesson 2-6
デートのマナー

お返しは、さりげなく

「いつもごちそうしてもらってばかりで悪いな」「このあいだは特別に気をつかわせてしまったな」などと気になり、何かお返しをしたいと思ったとき。

「今日はわたしがごちそうするわ」ではなく、ちょっとしたプレゼントを渡しましょう。お誕生日やクリスマスなどの行事ではない、普段の日にプレゼントをもらうのは、思いがけなくて、うれしいものです。

では、どんなプレゼントがいいかというと、彼が自分では買わないデザインやブランドのおしゃれなグッズ。たとえばライターや筆記用具、キーホルダー、携帯ストラップといった小物類がおすすめです。

渡すタイミングは、話題が途切れたときなどに、「あ、そうそう、これ使ってほしいと思って買ったの」「かっこいいもの見つけたから、よかったら使って」となにげなく。

相手に喜んでもらえる、さりげない思いやりの表現です。

Lesson 2-7
デートのマナー

また会いたくなる別れのあいさつ

帰り際の"笑顔・しぐさ・ことば"もまた、いつまでも印象に残ります。
　この場合、手の振り方に、ちょっとしたポイントがあります。
　手は、胸と肩の間くらいの位置に置き、指先をそろえて斜めに向けます。その手と同じ角度、手と並行になるように顔を傾けます。そして、手先だけで小さく手を振りましょう。上品でかわいらしいしぐさになります。
　それから、デートの終わりは、あなたがその日、心から楽しんだことをきちんと伝えるとき。
　相手との時間を大切に思うからこそ、素直な気持ちで「今日は楽しかった、ありがとう」と目を見て言いましょう。もちろん、心からの笑顔を添えるのを忘れないで。
　そんなあなたの別れのあいさつに、ボーイフレンドも、「本当に楽しかったなあ」とうれしい気持ちで帰ることができるのです。
　また会いたくなる、別れのマナーです。

小さなマナー集

〈ドライブに行くとき〉

楽しみにしていたボーイフレンドとのドライブ。車に乗ったら、運転席にいる相手の立場になって心配りをしましょう。彼に「隣に座っていてくれてうれしい」と思ってもらえる、おすすめのマナーをいくつかご紹介します。

車の乗り方・降り方

車のシートに座るときは、お尻から乗るようにしましょう。お尻を乗せたら、回しながら両足をそろえて、すっと車内に引き入れます。降りるときは、まず両足をそろえて、回しながら車の外に出し、それから腰を上げます。

アメとガムをバッグの中に

長距離の車の運転は、疲れるものです。助手席に乗るときは、眠気覚ましのアメやガムをバッグの中に入れておきましょう。相手に「食べますか？」と確認したら、包みを開け中身を出してから、渡します。

ついつい眠ってしまわないように！

とくにドライブの帰りに高速道路を走るとき、眠気に襲われてしまいがちです。でも、そこでけっして眠ってしまわないように気をつけましょう。ずっと運転してくれている相手に対して、とても失礼です。

ゴミはお持ち帰り

ドライブに行くときは、バッグの中に小さめのビニール袋を用意しておきましょう。車内で出たゴミは、袋に入れて持ち帰ります。車の持ち主が、ドライブのあとでゴミを処理する手間がないように、という心づかいです。

「あれ見て！」は禁句

ドライバーが後方確認をしたり、右折左折などで運転に集中しているときは、話しかけないようにします。また、外の景色を指差して「あれ見て！」などと言うのは、とても危険なこと。相手が運転中なのを忘れないで。

小さなマナー集

〈彼のおうちにお呼ばれ〉

はじめてご両親に紹介されるかと思うと、ドキドキしてしまう彼のおうちへの訪問。「感じの悪い子！」なんて思われないように、"あいさつの仕方""彼の呼び方""お手伝いはどうするの？"など、好感を持たれるポイントを覚えましょう。

♛ ごあいさつはしっかりと

彼のご両親に紹介されたら、「はじめまして、○○○○です。よろしくお願いします」と自分の名前をフルネームで伝え、しっかりとごあいさつをします。このとき、心からの笑顔で接することが大切です。

♛ 女の子らしい清潔な装いで

服装は、スカートやワンピースなど、さわやかで女の子らしく、露出度の少ないものを選びます。スカート丈は、短くてもひざくらいに。パステルカラーなど明るくきれいな色の服が、好感をもたれます。それに、なんと言っても清潔感が第一と心得ましょう。

👑 会話の鉄則

会話をする場面では、ご両親の気持ちを最優先に考え、とくに「お母さんを立てる」ことを鉄則とします。話題をリードしたりせず、聞き役に回るほうがいいでしょう。質問されたときには、場の雰囲気を読んで、控えめに答えるくらいでちょうどいいのです。

👑 彼の名前は「さん」づけで

ご両親の前では、いつものように彼のことを呼び捨てにしたり、"ちゃん"づけやあだ名で呼ぶのは避けましょう。ご両親からすれば、なれなれしすぎる印象に。「○○さん」と、名前に"さん"づけをするのがマナーです。

👑 お片づけのひとこと

手料理をごちそうになったら、後片づけのときに、「何かお手伝いすることはありませんか？」と聞きましょう。「手伝って」と言われればお手伝いをし、「大丈夫、そのままで」と言われたら、素直にしたがいます。

Lesson 3
お食事のマナー

Lesson 3-1
お食事のマナー

テーブルマナーは感謝の気持ち

マナーは、思いやりと感謝の気持ちを形にして表現する方法です。

　テーブルマナーにおいても、形を覚えるまえにまず、食材を提供してくれた農家の人たちや漁師さんたち、流通に関わる人たち、そして、シェフやウエイターといったお店の人たちなど、目の前に出される料理に関わった大勢の人たちに、感謝の気持ちを持つことが大切です。

　大げさなようですが、自然の恵みに感謝する気持ちをもとに、何百年もの間に培われてきたのが、テーブルマナーなのです。

　ですから、テーブルマナーの大前提は"料理を残さないでいただくこと"です。少しの量しか食べられないのなら、料理を注文するときに「量を少なめにしてください」とお願いしましょう。

　食事を終えたあと、食べ切れなくてたくさん残してしまったら、「あまり体調がよくないので残してしまったのですが、持ち帰りできますか?」とお店の人に聞いてみましょう。レストランにはたいてい、お持ち帰り用の容器が用意してあります。

　梅雨どきから夏にかけては、食品が傷みやすいのでことわられる場合もありますが、いずれにしても、そのくらいの気持ちでいることが大切。「せっかくの食事を残してはもったいない」という気持ちを持ちましょう。

Lesson 3-2
お食事のマナー

気持ちよく食べるための準備

食事にでかける前に、準備しておきたいことがあります。

　髪が長い人は、髪をアップにするか、髪どめで留めて、サイドの髪をあげておきます。食事中、うつむいたときに髪が落ちてくるのは避けたいもの。かといって、髪を片手で押さえて食事をする動作は、清潔感をそこなってしまうのでやめましょう。

　口紅がグラスやカップにつくのも、あまりいいものではありません。食事のまえにお化粧室に行き、ティッシュペーパーでくちびるを押さえておきましょう。

　もちろん、食べるときの姿勢も大切。ひじをついたり、猫背で食べるとお行儀が悪いし、おいしくなさそうに見えてしまいます。

　美しく上品に食べるコツは、姿勢よく笑顔で食べること。

　レストランでは、他のテーブルの人とも食事の場を共有することになります。きれいに、おいしく食べることも、大切な食事のマナーです。

Lesson 3-3

お食事のマナー

サービスには感謝のことばでお返しを

テーブルマナーは感謝の気持ちが基本です。サービスを受けたら、お店の人にお礼を言うのは、ごくあたりまえのことです。
　テーブルに着くときにいすを引いてもらったら、「ありがとうございます」と言いましょう。グラスに水をつぎ足してもらったときも、感謝のことばを忘れずに。
　「ありがとう」ということばは、言った人も言われた人もうれしくなる魔法のことばです。お礼のことばは、たくさん言いましょう。
　さて、このとき注意したいのは、「すみません」ということばを使わないこと。どんな場面でも「すみません」で済ませてしまいがちですが、人に感謝するとき、正しくは「ありがとう」です。
　また、お店の人に「すみません」と声をかけて呼ぶのも、エレガントではありません。基本的には、相手の視線をとらえ目で合図をするだけで、来てくれるはずです。でも、なかなかうまくいかないときは、軽く手を挙げ「お願いします」と言いましょう。
　ことばは正しく、美しくつかいたいものです。

Lesson 3-4

お食事のマナー

食べるのは、料理と会話

お料理はもくもくと食べるのではなく、会話を楽しみながらいただく、というのがマナーです。
　にこやかな笑顔を交えながらのおしゃべりは、食事をさらにおいしくする、とっておきのスパイスです。
　ただし、話す内容には気をつけたいもの。相手も自分も楽しくなるような話題を選びます。
　どんな話題がぴったりかというと、目の前のお料理や店内の雰囲気について。また、思わず顔がほころぶような身近で楽しいエピソードや、最近観た映画やお芝居の話、読んでおもしろかった本の話、など。
　人の悪口や噂ばなし、また、「この店の料理はおいしくない」など、気分が沈んでしまう話はもってのほか。悩みごとの相談やグチなど暗い話も、食事の場では避けるべきでしょう。
　選ぶ話題に、人柄やセンスが表れます。
　いつも楽しい話題を提供できるように、ニュースや情報番組を見ること。幅広いジャンルに興味を持ち、旬のネタや知識を増やしましょう。

Lesson 3-5
お食事のマナー

特別な日は、レストランの予約も特別に

お友だちのお誕生祝い。キラキラした夢のあるシーンを演出したいと思ったら、レストランでお祝いをするのもよい方法です。レストランを予約するときに、「お誕生日のお祝いです」とあらかじめ伝えておきましょう。また、お友だちの名前も知らせておきます。

　ちょっと気の利いたレストランなら、誕生日用にケーキのデコレーションを変えてくれたり、そのお友だちにだけデザートを多めにつけて、「Happy Birthday ○○」とお祝いのメッセージを添えてくれたりします。お店によってはお花を用意してくれるなど、サービスはいろいろ。

　予算に余裕があるなら、「お誕生日用のケーキをお願いします」と注文しておけば、ちゃんとろうそくを立てて特別なケーキでお祝いしてくれるはずです。

　ただ、お店によってサービスが違うので、予約をするときに、「お誕生日なのですが、特別のお祝いをしていただけますか？」と確認しておくのがいいでしょう。

　レストランでスタッフも交えてお祝いしてもらうのは、とてもうれしいもの。

　忘れられない特別な日として、ずっと記憶に残るはずです。

Lesson 3-6
お食事のマナー

カップとの"出会いの法則"

レストランで食事のあとにコーヒーや紅茶をいただくとき、あるいは喫茶店でくつろぐときも、さりげなく気品が感じられたら素敵です。
　提案したいのは"出会いの法則"と"しずめる法則"。
　"出会いの法則"は、飲むときの方法。
　背すじをのばしたまま、自分とカップがフッと出会う感じで、どちらからも自然に近寄るイメージです。そのようにしてカップに口をつけるのが、もっとも美しく見えます。
　"しずめる法則"は、砂糖やレモンを入れるときのやり方。
　砂糖やレモンはスプーンにのせ、中身が飛び散らないようにそっとカップに入れて、あとはしずんでいくのを待ちます。つぎに、スプーンでかき混ぜますが、このとき腕を動かさず、手首から先だけをゆっくり回しましょう。
　なにげないそれぞれのしぐさがひとつの流れとなって、上品さが漂います。

Lesson 3-7
お食事のマナー

お化粧室にいくタイミング

ちょっと…

レストランで食事をするときは、途中でお手洗いにいきたくならないように、食事がはじまる前にあらかじめ済ませておきましょう。

　食事の間は席を立たないのがマナー。

　クロークに荷物を預けたあと、着席する前に化粧室に寄りましょう。パンは手でちぎっていただくので、手を洗っておきたいもの。そのためにも、着席の前に行くのがマナーです。

　そのタイミングを逃したときは、メニューを決めてお店の人に伝えたあと、料理が運ばれてくる前に行くのでもいいでしょう。

　もし、どうしても食事の途中でお化粧室に行く必要を感じたら、料理を食べている最中ではなく、ひとつの料理を食べ終わってから席を立ちましょう。その場合、ナプキンはいすの上に軽くたたんで置くのが、中座の合図です。

小さなマナー集

〈ナプキンの使い方〉

ナプキンの使い方にはいくつも約束事があり、ひとつひとつに意味があります。お店の人に食事の進行を伝える合図でもあるので、ナプキンの使い方は、しっかり覚えておきたいものです。

👑 手にとるタイミング

ナプキンはテーブルの上に、たたんだ状態でセットされています。注文をしたあと、またはお店の人が最初に水や食前酒を注いでくれるタイミングを見はからって、さりげなく手にとり、ひざの上に広げましょう。

👑 わっかを体のほうに

ナプキンをひざの上に置くときは、二つ折りにし、折ってある側（わっか）が体のほうにくるようにして置きます。ナプキンを首もとにかけるのはマナー違反だと覚えておきましょう。

口をぬぐうときは内側で

ナプキンで口をぬぐうときは、二つ折りにしたナプキンの内側を使います。ひざの上に戻したとき、汚れが内側になるので、人に見られずに済みます。また、ナプキンは口と指をぬぐうためのもの。テーブルの上にこぼしたものを拭いたりしないこと。

いすの上は中座の合図

食事の途中で席を離れるときは、ナプキンを軽くたたんでいすの上に置きましょう。これで「席を離れます」という合図になります。テーブルの上に置くと「ごちそうさま」の合図になってしまいます。

テーブルの上は「ごちそうさま」の合図

食事が終わって席を立つときは、ナプキンを軽くたたんで、テーブルの上に置きます。もちろん、くしゃくしゃにして置いてはいけません。でも逆に、きれいにたたみすぎると、料理が口に合わなかったという意味になってしまうので、気をつけて。

小さなマナー集

〈ナイフ・フォークの使い方〉

上品で魅力的な女性であるためには"食卓でのお作法"は必須です。テーブルにずらりと並んだナイフやフォークにとまどうことのないように、使い方の基本をマスターしましょう。普段から、マナーを意識して食事をすることも大切です。

落としたときは、自分で拾わない

ナイフやフォークを床に落としたときは、あわてて拾おうとしたり、テーブルの下をのぞき込んだりしてはいけません。拾うのはお店の人にまかせます。新しいナイフやフォークを受けとったら、そのままさりげなく食事をつづけます。

あわてずに

👑 8時20分は「食べている途中」

食べている途中でナイフとフォークをお皿の上に置くときは、フォークのとがった先を下向きにし、ナイフの刃は自分側に向けて、ハの字になるように置きます。ちょうど8時20分の形と、覚えてください。

👑 4時20分は「ごちそうさま」

食べ終わったら、ナイフとフォークは4時20分の形になるよう、お皿の上にそろえて置きます。フォークのとがった先は上向きに、ナイフの刃は自分側に向けましょう。"終わりました"という合図になります。

👑 スープを食べるときは

スプーンを向こう側に少し傾け、手前から向こうに動かして、スープをすくいます。残りが少なくなったら、左手でスープ皿の手前側を持ち上げ、傾けましょう。スープを食べるときは、けっして音を立てません（66ページ）。

Lesson 4
西洋料理をいただくとき

Lesson 4 – 1
西洋料理をいただくとき

スープは、スプーンの先とキス

スープをいただくときは背筋を伸ばして姿勢を正し、右手でスプーンを持ったら、左手は必ず器に添えます。
　上にクリームがかかっている場合は、いきなり食べはじめるのではなく、軽く混ぜてなじませます。スープは、日本では手前から向こうにすくうのが一般的です。このとき、スプーンが器に当たって音がたたないよう注意しましょう。
　なみなみとスプーンいっぱいにスープをすくうと、口に運ぶまでにポタポタたれてしまいます。すくう量は九分目ぐらいを目安に。すくった後、スプーンの底をスープの表面に一旦つけると、たれるのを防ぐことができます。
　大事なのは、スプーンを縦にして口に運ぶこと。スプーンの先とキスをするイメージで口にあて、スープを流し込みます。スプーンを横にして口に持っていくと、どうしてもズズッと音を立ててすすることになります。口の端からこぼれてあわてることになりかねません。
　残り少なくなったら、左手でお皿を軽くかたむけて、残りをすくいましょう。

Lesson 4−2
西洋料理をいただくとき

パンはお口の消しゴム＆作業に使います

ご飯と違って、パンは主食ではありません。あくまで一皿を食べ終わった後に、次の一皿に備えて口の中をお掃除する「消しゴム」の役割。いくらおいしくても、パンでお腹をふくらませ、メインディッシュを残してしまわないよう気をつけましょう。

　パンは食べられなければ残してもかまいませんが、お代わりしたパンを手つかずで残すのはマナー違反です。

　基本的にパンをいただくのは「スープの後、デザートの前」まで。ただし前菜からパンを出すレストランもあるので、その場合は出されたタイミングで食べはじめていいでしょう。

　いただくときは、必ずパン皿の上で一口大にちぎり、そのつどお好みでバターを塗っていただきます。トーストのように一度に塗ってかじりついてはいけません。また、この場合の一口大は、親指の第一関節くらいの大きさ。いわゆるおちょぼ口サイズだと覚えてください。この大きさならすぐに咀嚼(そしゃく)できるので、食事中の会話もスムーズです。

　お皿に残ったお料理のソースはパンでぬぐってきれいにしてもOK。ただし、小さくちぎったパンを手にとってぬぐうと、指先がソースで汚れてしまいます。パンはお皿に置いて、フォークに刺して、ソースを絡めながらいただくようにします。

　テーブルに落ちたパンくずはそのままにして、サービススタッフがきれいにしてくれるのを待ちましょう。自分で片づけたりしないように。

Lesson 4-3
西洋料理をいただくとき

お肉は左から、一口ずつ切っていただきます

ナイフとフォークの使い方を失敗しないために、まずは持ち方を確認しましょう。

　ポイントは、ナイフとフォークの端を手のひらの中に握り込むようにすること。そして、それぞれの手の人さし指をナイフとフォークの背の部分にあてて押さえること。これで安定して力を加えることができます。

　ナイフをお肉と平行にして、のこぎりを引くように切っても、きれいに切れません。ナイフを少し立てぎみにし、先端部分に力を入れて、同じところを何度も引いて切ります。カッターナイフで厚紙を切るのと同じイメージです。

　お肉は左端にフォークを刺し、一口サイズに切って食べます。そのあとも、左から順に一口ずつ切っては、口に運ぶようにしましょう。最初にお肉をぜんぶ切ってしまうと、肉汁が流れ出てしまい、おいしさを損ないます。これはマナー違反。

Lesson 4-4
西洋料理をいただくとき

パスタはフォークだけでいただきます

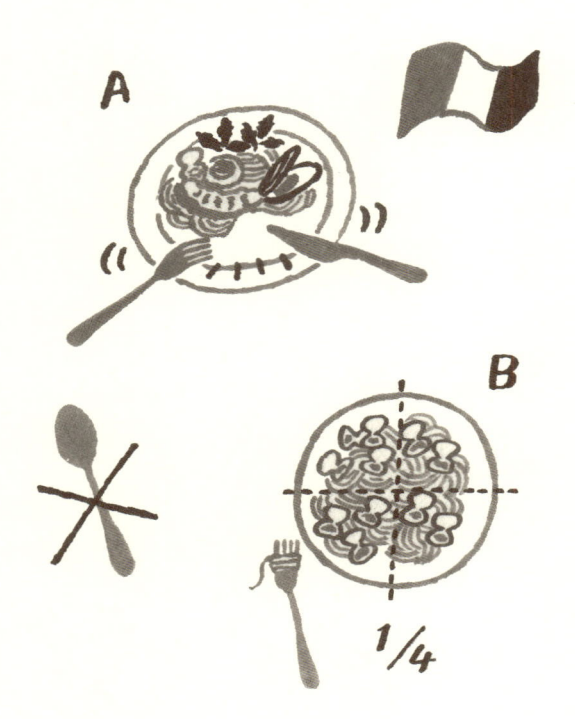

A

B

1/4

西洋料理は「ナイフとフォークでいただく」のが基本です。スープとデザート以外でスプーンを使うことはまずありません。

　フォークは右手（利き腕のほう）に、左手はお皿に軽く添えましょう。ロングパスタも一口サイズでいただきます。２、３本をフォークの先でクルクルッと巻くと、取りすぎることなく、ちょうどよい量のパスタが巻きつきます。

　フォークで巻く場所は、お皿を時計に見立てると、ちょうど７時の位置（左手に持つ場合は５時の位置）。この位置で、お皿の縁のくぼみを利用して麺を巻きつけます。

　ペスカトーレなど大きい具の入ったパスタの場合は、フォークとナイフでパスタを奥に寄せ、お皿の手前半分を作業スペースとして確保します。次に、エビなどをここに置いて、一口サイズに切っていただきます（イラストＡ）。

　ボンゴレは左手前４分の１あたりにあるアサリの殻を手で持ち、身をフォークではずします。それからフォークでアサリを刺し、パスタを一緒に巻き、口に運びます。殻はお皿の向こう側にまとめて置きましょう。このパートが終わったら、今度は左上半分に取りかかるという手順でいただいていきます（イラストＢ）。

　ペンネなどのショートパスタは、基本はフォークですくいますが、うまくいかないときは、フォークで刺してもかまいません。

　ミートソースのように、ソースがかかっている場合は、フォークでソースを軽く広げてから食べはじめます。

Lesson 4-5
西洋料理をいただくとき

ライスはフォークのくぼみにのせて

洋食屋さんなどで食事をする場合に間違えやすいのが、ライス（ご飯）の食べ方です。フォークの背にライスをのせて口に運んでいる方をよく見かけますが、これはNG。

　正式なマナーでは、左手のフォークを上向きに持ち替え、右手のナイフでフォークのくぼみにライスをのせ、口に運びます。食べやすいし、見た目にもきれいです。

　左手のフォークを右手に持ち替え、フォークでライスをすくってもよいのですが、メインディッシュに戻るとき、またナイフとフォークを交互に持ち替えるので、美しくありません。

　イタリア料理のリゾットも、スプーンは使わず、フォークでいただきます。右手にフォークを持ち、フォークの先でリゾットをすくいましょう。

　スペイン料理のパエリアは、ナイフとフォークでいただきます。ナイフで具を切るときは、具を押さえるフォークは下向きに、ライスをいただくときは、そのまま上向きにして、ナイフでライスをフォークのくぼみにのせます。

小さなマナー集

〈立食パーティでのふるまい〉

ビュッフェスタイルの立食パーティやお食事会に出席するときに知っておきたいマナーです。料理の取り方や、やってはいけないことなど、わかっているようでじつはよく知らないことも多いので、しっかりおさらいしましょう。

👑 荷物はクロークに預ける

大きな荷物は、受付の前にクロークに預けましょう。立食パーティの際は、小ぶりなショルダーバッグか、手首にかけるタイプのバッグを用意し、その中に最低限必要な貴重品のみを入れておきます。

👑 料理はコースの順に取る

コース料理と同じように、前菜、スープ、魚料理、肉料理、デザートの順番に、必ず分けて取りに行きます。つまり5回くらい取りに行くことになります。最初からデザートを取ったり、いろいろな種類の料理を一皿に山盛りにするのはマナー違反。

👑 一度に使うお皿は1枚

一皿に盛る料理は2〜3品が目安です。ソースがあるものは一皿に1品だけと覚えましょう。温かい料理と冷たい料理は、同じ皿に盛らないこと。また、一度に二皿も三皿もお皿を持つのはNG。

👑 お友だちの分は取らない

気を利かせたつもりでお友だちの分まで取り、両手にお皿を持って移動するのは、見た目に美しくありません。「一人一皿」が立食パーティの基本です。おいしいものがあれば情報を伝え、自分で取りにいってもらいましょう。

👑 食べ終わりの合図

お皿の料理を食べ終わったら、使用した紙ナプキンをのせて、小テーブルの上に置いておきます。「このお皿は下げてください」という合図です。次の料理は、同じお皿を使いまわさず、新しいお皿を使いましょう。

小さなマナー集

〈おうちでおもてなし〉

お友だちをおうちにお招きするときは、「いっしょにいて楽しかった」「心地よかった」と思ってもらえるよう、ギブ・アンド・ギブに徹して、心を込めたおもてなしをしましょう。そのためにおさえておきたいポイントです。

♛ ピカピカにお掃除

「心地よい」と思ってもらうために大事なのはお掃除です。お手洗い、玄関はとくに念入りに。鏡や窓、洗面台はピカピカに磨きます。そしてお花を飾りましょう。換気も大事。30分ぐらいは窓を開けて空気を入れ替えます。

♛ まずはお客様をご案内

自分が先に立って、斜めに振り返りながら「こちらへ」と案内します。階段があるなら、相手にお尻を向けないよう、先に上っていただきます。部屋では、入り口から遠い上座に座ってもらいましょう。

お茶のお代わりは器を替えて

最初にお茶を出して30分くらい経ったら、残っていても新しいお茶をお出しすると好印象です。急須やポットを持っていきつぎ足す「さし茶」はNG。いったん器を下げ、別の器で出すのが正式なおもてなしです。

手みやげはいっしょにいただきましょう

手みやげを受け取った場合、「おもたせですけど」とことばを添えて、いっしょにいただきます。もし自分で同じようなものを用意していても、持ってきてくれたものをいただくのが、相手への配慮です。

そろそろ帰っていただきたいときは

楽しい時間は「名残り惜しい」ぐらいで切り上げるのがポイント。お客様が「じゃあ、そろそろ」と切り出したら、社交辞令で引き止めません。「今日はほんとに楽しかった」「あっという間だったわね」と、嬉しい気持ちを伝えてまとめトークをします。

Lesson 5
日本料理をいただくとき

Lesson 5-1
日本料理をいただくとき

和食はお皿を持ち上げていただきます

西洋料理では、テーブルに置かれた器を持ち上げていただくことは、まずありません。
　ところが日本の料理「和食」では、手のひらにおさまる器は、持ち上げていただくのが原則。
　お刺身につけるしょう油の小皿、天ぷらの天つゆの入った器、煮物の小鉢、ご飯のお碗と汁椀、さらに一人前のお重やどんぶり。これら手のひらにおさまる器は、汁がたれたり、箸からこぼれたものを受けるために、手で持ち上げ、口もとに持ってきていただきます。
　持ち上げないのは、手のひらより大きい器や重い器。お刺身や焼き物、揚げ物が入ったお皿などです。
　また、会席弁当の中の小さい器は、仕切りの役割も果たしているので、持ち上げません。
　しょう油や汁がたれるのを防ぐために、手のひらをお皿のようにして箸の下に持ってくる、いわゆる"手皿"は、正しい和食のマナーではありません。見た目も美しくありませんから、手で受けるのではなく、必ず器を持ち上げるようにしましょう。

Lesson 5-2
日本料理をいただくとき

まずはお吸物からはじめます

ご飯とお味噌汁（お吸物）が出されたら、まず、汁物を一口いただき、つぎにご飯。あとは交互にいただくのが日本料理のマナーです。

　最初からご飯とお味噌汁が出てくる場合も、会席料理で水菓子の前にご飯、止め椀、香の物とセットで出てくる場合も、いただく順番は同じです。

　お椀をいただくときには、いくつか所作のポイントがあります。しっかりチェックしておきましょう。

◎お椀は右手を先に出し、必ず両手で持ち上げます。次に、お椀を左手で持ったら、右手で箸置きから箸を取ります。左手の指にお箸を挟み、右手で下からお箸を持ちます（イラスト参照）。

◎汁物を飲むときは、箸先はお椀の中、目線もお椀の中に落とすと覚えてください。箸先を相手に向ける「角箸」をしたり、相手の顔を見ながら汁物を飲むのは、美しくありません。

◎具が大きいときは、箸を使ってお椀の中で一口大に切ってから口に運びます。汁物の中の具を、大きいまま口に運んで食いちぎってはいけません。

◎汁と具は別々にいただきます。汁と具をいっしょにかきこむのはやめましょう。

Lesson 5-3
日本料理をいただくとき

ふたつきの器はしずくに気をつけて

ふたのついたお椀は、ふたの取り方にコツがあります。右手でゆっくりと「の」の字を書くようにふたをまわしながら、椀からはずしましょう。このとき左手の親指と中指でお椀をはさみ、器を安定させます。片手でお椀のふたを取ろうとすると、お椀が揺れてしまうので、必ず両手を使います。

　お椀から持ち上げたふたは、しずくがたれないよう内側を上に向けて、両手を使って静かにお椀の右上側に置きます。

　（ふたつきの器には、煮物椀、茶碗蒸しの器、湯呑み茶碗などがあります。取ったふたは、器が右にあるものは器の右側に、左にあるものは、器の左側に置くと覚えましょう）

　食べ終わったら、ふたは出てきたときのように戻しておきましょう。このとき、ふたの内側を上向きにしてお椀に戻すのはNGです。器の塗りをいためる原因になるので、必ず元の通りに戻します。

　また、ふたつきの湯呑み茶碗の場合は、はずしたふたを上向きにし、茶托とテーブルの間に挟むようにして置くと動かず、見た目もきれいです。挟む位置は右上、茶托を時計に見立てると、2時の位置です。

Lesson 5-4
日本料理をいただくとき

箸置きにいつも戻しましょう

そもそも箸置きは、料理を咀嚼している間、箸を置くためにあるのです。

　日本料理は、ゴボウやレンコン、ニンジンなど咀嚼に時間のかかる根菜類を多く使います。咀嚼している間、箸と器を持ったまま宙に浮かべている様子は、決して美しいものではありません。時間のかかる食材を食べるときには、必ず箸を箸置きにおき、両手をひざに置いて咀嚼するようにしましょう。

　箸置きに箸を置くときは、箸先を５センチぐらい、箸置きから出してください。汚れた箸先をつけると、箸置きを汚してしまいます。

　箸置きがない場合は、箸袋を折って箸置きの代わりにします。簡単なのは、まずタテに真ん中で二つに折り、次にヨコに二つ折りする方法。山になっているほうを上にして置いて、箸置きに見立てます。

　また、割り箸を割るときは、テーブルより上の位置でタテに持って割ってはいけません。人に見えないよう、テーブルより下の位置でヨコに持ち、上下に開くようにして割るのがマナーです。

Lesson 5-5
日本料理をいただくとき

指輪やブレスレットは外しておきます

日本料理は漆や蒔絵など、デリケートな器や高価な調度品を使うことも多いので、アクセサリー類で傷つけてしまわないよう事前の心配りが必要です。

　指輪は、器を持ち上げるときに器に当たってしまうので、つけるのを控えましょう。ブレスレットも、器やテーブルの角が傷つくといけないので、身につけないのがマナーです。

　大ぶりの時計もＮＧ。腕にぴったりつく小ぶりなタイプのものならＯＫです。

　ネックレスも長いものはテーブルに当たるので避けます。首元から浮かない短いものや、ペンダントを選びましょう。

　また、繊細な料理の風味を損なわないために気をつけたいのは、強い香水をつけていかないこと。食事中、香水の匂いで料理の香りがわからないというのでは、相手の方にもお店の方にも失礼です。お料理は五感（味覚、聴覚、触覚、視覚、嗅覚）すべてで味わうものなのです。

Lesson 5-6
日本料理をいただくとき

食べ終わった器も美しく

食べ終わってからのふるまいも、プリンセス度が試されます。

　お店の人が片づけやすいようにと気をきかせて、器を重ねている人がいますが、これはNG。

　日本料理では、四季折々にあわせて器を変えることも多く、扱い方には注意が必要です。勝手に重ねて器が傷ついたり、縁が欠けたりしては、かえって迷惑です。器を下げるのはお店の人の仕事ですし、要領も心得ているのですから、お任せしたほうがいいのです。

　ただし、食べ終わった跡もきれいに見えるように、心を配りましょう。例えばエビの尻尾や魚の骨など食べ残しがある場合は、お皿の中の向こう端に寄せておきましょう。

　このとき、茶道で使う懐紙（かいし）を持ちあわせていると、食べ残しをお皿の真ん中に寄せ、懐紙を山折りにして、食べ残しが見えないようにかぶせることができます。

　箸先が汚れている場合も、懐紙で拭いてきれいにしてから箸置きに置く心遣いを見せましょう。

　懐紙と専用の懐紙入れは、和装小物を扱っているお店にあります。バッグの中に忍ばせておくと、女性らしさをキラリと発揮できます。

　また、箸袋がついている場合は、使い終わった箸を箸袋にしまい、箸袋の先端3センチぐらいを折っておきます。「使い終わりました」という合図になります。

小さなマナー集

〈基本中の基本のお食事マナー〉

食事のマナーには「これだけはどうしてもハズせない」基本中の基本があります。どんなにおしゃれをして行っても、これができていなければプリンセスにはなれません。逆に、ちゃんとクリアできれば好印象に。

苦手な食材は事前にお店に伝えておく

「アレルギーを起こす食材」「苦手な食材」があるなら、お店の人、あるいはご馳走になる相手の方に事前に伝えましょう。出されてから「食べられない」と言ったり、残してしまうのは大変失礼なふるまいです (47ページ)。

おちょぼ口サイズで

和食も洋食も口に運ぶのは、すぐに咀嚼できる、親指の第一関節くらいのおちょぼ口サイズ (69ページ)。大口で料理を頬ばると、口に物を入れたまましゃべったり、咀嚼し終わるまで相手を待たせる会話となり、感じがよくありません。

待っている間、手は膝に

和食では、咀嚼している間は箸を休め、手はひざに置きます（89ページ）。これは洋食の場合も同じで、お肉など咀嚼に時間がかかるときは手はひざに。次の料理を待つ間も、テーブルに手をかけたりせず、手の位置はひざの上です。

左手は器に添えます

洋食でも和食でも、空いている左手は必ず器に添えます。左手をひざに下ろしたまま、あるいはテーブルに置いたまま、右手だけでいただくのは下品な食べ方です。器を安定させるためにも必ず両手を使いましょう。

端からいただく

盛りつけは料理人の作品です。美しく盛りつけられた料理を、箸やフォークでぐちゃぐちゃに崩してしまうのはもったいない。なるべく盛りつけを崩さないよう、端から一口ずついただくのが美マナーです（71ページ）。

小さなマナー集

〈箸使いのタブー〉

和食のマナーでは「箸に始まり箸に終わる」と言われるほど箸の使い方が大事です。食べ方がきれいな印象の人は、箸使いがきちんとした人です。やってはいけない箸使いを、ここでしっかりチェックしておきましょう。

逆さ箸

箸を上下、逆に持つこと。手に持った部分で料理を取るのは不衛生なので、取り分け用のお箸を用意してもらうか、「直箸で失礼します」と断ってからいただく。

なみだ箸

箸で持ち上げた食べ物から汁がぽたぽた落ちること。汁気をよく切ってから口に運ぶか、器を口元に持ち上げていただく。

横箸（すくい箸）

2本の箸をそろえてスプーンのように使い、すくいあげること。お豆腐など柔らかいものも、一口サイズに切ってお箸でつまんで食べるのが基本。

渡し箸

箸を器の上に、橋渡しをするように置くこと。箸を置く場合は必ず箸置きに。

👑 刺し箸

つかみにくい物などを箸で刺して食べること。

👑 探り箸

器の中を箸でかき回し、好きなものを選んで食べること。

👑 持ち箸

お箸を持ったままで、器を持ち替えること。お箸はその都度、箸置きに置いて、器を置き、ほかの器に持ち替える。

👑 ちぎり箸

箸を右手と左手で1本ずつ持って料理に刺し、右と左に引き裂くようにして、小さくちぎること。

👑 迷い箸

「どれにしようかな？」と複数の器の上を箸でうろうろすること。

👑 移り箸

おかずだけを連続で食べること。おかずどうしの味が混ざらないように、おかずとおかずの間にご飯を食べて、口の中をきれいにする。

👑 寄せ箸

箸を使って、向こうにある小皿などを自分のほうに引き寄せること。

👑 ねぶり箸

箸先を口に入れてなめること。

Lesson 6

お呼ばれのとき

Lesson 6-1
お呼ばれのとき

訪問時間は5分前から定刻のあいだ

時間を守らないのは先方に対して失礼にあたります。

　ただ、あまり早く行きすぎても迷惑でしょう。約束時間の５分前から定刻を訪問の時間と考えるのが妥当です。もし５分以上遅れるようなら、わかった時点で「ごめんなさい。○分くらい遅れてしまいます」と先方に電話を入れましょう。

　訪問先の方は、お茶を出すためにお湯を沸かしたり、お茶菓子を用意したりして準備を整えているはず。それなのに、お待たせしてしまっては、訪問の出だしから心配りが欠ける結果に。

　外での待ち合わせではなくても、約束の時間は守るのが人間関係の鉄則です。

Lesson 6-2
お呼ばれのとき

お尻を向けずに上がります

訪問で大切なことは、相手への心づかいです。突然の訪問は避けて、事前に相手の都合を聞いてから訪問するのは、基本マナー。
　到着したらまず、入り口でのマナーがあります。
　コートやマフラー、手袋などは、玄関の前ではずしてから、チャイムを鳴らして訪問を告げましょう。コートは手に持って中に入ります。
　靴を脱いで上がるときは、わざわざ体の向きを変えて後ろ向きに靴を脱いで上がることはしません。
　まず、普段どおり靴をそろえて脱ぎ、上がってから、ひざをついて靴の向きを変え、玄関の端のほうにそろえて置きます。このとき、お尻を訪問先の方に向けるのは失礼にあたるので、気をつけましょう。バッグやコートなどは、自分の右側に置いておきます。
　また、雨が降った日の傘の置き場所は、訪問先の方に「傘はどちらに置けばよろしいでしょうか？」と聞くのがいちばんです。「そこに傘立てがあるので」「端のほうに立てかけて」などと指示されるのを待って、そこに置かせてもらいましょう。

Lesson 6-3
お呼ばれのとき

手みやげは風呂敷で

訪問の手みやげにお菓子などを持っていくときは、お店で入れてもらった紙袋のままではなく、風呂敷に包んで持っていくのが正式なマナーです。
　「風呂敷なんて古風すぎる」と思うでしょう。でも最近は、おしゃれな風呂敷がたくさん出回っています。1枚持っておくと、何かと便利です。
　室内で先方に手渡すときは、風呂敷を自分で開いて、たたんで脇に置き、品物を両手で持って渡します。
　このとき「つまらないものですが」と言わずに、たとえば「この時期限定のお菓子なのでお持ちしました。お口に合えばうれしいです」などと、その品物を選んだ理由を添えて渡しましょう。心がこもった感じが、先方に伝わります。
　ちなみに、果物、生花、生鮮食品は、基本的には室内に持ち込まないで、玄関先でごあいさつが済んだあとに、両手で差し出すようにしましょう。

Lesson 6-4

お呼ばれのとき

和室では "踏まない"

昔ながらのお宅へ訪問するときは、和室に通されることもあるでしょう。普段なかなか和室でお茶をいただくことのない人は、床の間に掛け軸が飾られているような静かな雰囲気に、ちょっと緊張するかもしれません。

　でも、大事なポイントさえ心得ておけば、心配はいりません。

　いちばんに注意したい大切なことは、"ふすまの敷居を踏んで部屋に入らないこと"です。

　昔は、敷居を踏むのは当主（その家の主人）の頭を踏むのと同じだと言われ、とても失礼なこととされていました。そのならわしはいまも同じです。

　また、畳の縁を踏んだり、座布団を踏むのもマナーに反します。座布団は、家の人にすすめられるまで座らないのが作法です。それまでは、座布団の横に座っていましょう。また、ごあいさつをするときも座布団から降ります。

　座布団の座り方は、両手を握りこぶしにして座布団の上につき、ひざを使ってにじり寄るようにして座布団にお尻と両脚を乗せます。あとは、自然体で落ち着いてふるまっていれば大丈夫。

Lesson 6-5

お呼ばれのとき

お手洗いでもエレガント

訪問先でお手洗いを借りるのはマナー違反？　と心配することはありません。「お手洗いをお借りしてよろしいでしょうか？」と先方にことわりましょう。

　お手洗いを使うときも、いくつかポイントがあります。

　トイレットペーパーはミシン目できれいにカットしましょう。三角折りにする必要はありません。三角折りにするのは業務用で、お手洗いの掃除が終わりましたという印なのです。

　洋式トイレを使ったら、必ずフタを閉めるのがマナーです。スリッパは、つぎの人が履きやすい方向にそろえて出しましょう。

　そして、手を洗い終わったら、洗面台をティッシュペーパーで拭くのがプリンセス。備えつけられていなければ、自分のティッシュペーパーを使って、水がはねたところや洗面台の周り、そして、蛇口も忘れずに拭きます。

　拭き終わったら、備えつけのゴミ箱に捨てます。ゴミ箱がない場合は、バッグに入れて持ち帰りましょう。

　こうしたマナーは普段からやっていないと、なかなかできるものではありません。おうちでも、いつも実践して習慣づけておきましょう。

Lesson 6-6
お呼ばれのとき

早めのおいとまがちょうどいい

訪問先では、居心地がいいからといって、あまり長居をするのは禁物です。

　用事も済み、先方のおもてなしも一段落したと思ったら、タイミングを見はからって、自分のほうから帰ることを告げましょう。「そろそろ失礼します」と、ことばがけをします。"早めに切り上げる"つもりでちょうどいいくらいと思ってください。

　帰るときは、洋室ならイスから立ち上がって、和室なら座布団から降りて、「今日はどうもありがとうございました」と感謝の気持ちを述べ、おじぎをします。

　玄関でスリッパを脱いだあと、自分でスリッパ立てに戻すのは失礼にあたります。靴を履いてから、上がり口の端のほうに、スリッパのつま先を室内に向けてそろえましょう。

「おじゃましました」と玄関を出るときは、にこやかな笑顔を忘れずに。

Lesson 6-7
お呼ばれのとき

お礼状は3日以内

お呼ばれでよそのお宅を訪問したり、贈り物をいただいたら、3日以内にお礼状を出しましょう。まだ印象が強く残っている間に出すのがマナーです。封書ではなく、はがきでかまいません。

　この場合は、季節感のある写真やお気に入りのイラストが入ったはがき、美術館で手に入れた絵はがきなどが素敵です。普段から、美しいものを見つけたら手に入れておきましょう。

　切手も、花の絵や、デザインのきれいな記念切手が発売されていますから、気がついたときに購入しておくと役立ちます。季節や行事にちなんだ切手を貼ると、季節の移ろいが舞いこんだようで、先方に喜ばれるでしょう。

　お礼状を書くとき、ボールペンは事務用品なので使わないこと。おすすめしたいのは万年筆。

　万年筆で書いた文字は味がありますし、万年筆を使うことで、相手を敬う気持ちが表現できます。また、きちんとした印象を与える効果もあるのです。インクは黒か紺色を。

　万年筆を使うだけで特別感がでます。

　ぜひ、自分のために1本用意しておきましょう。

小さなマナー集

〈結婚式にお呼ばれ〉

結婚披露宴に出席するときは、さまざまな場面で「おめでとう」という祝福の気持ちを表すことが、マナーの基本となります。仲間うちだけでなく、ご家族やお仕事関係の方も出席されるので、マナー違反は避けたいもの。

👑 返信はがきの書き方

招待状をいただいてから1週間以内に出しましょう。記入欄の「御」や「芳」は、1本線か2本線で消します。宛名の「行」は「様」に書きかえること。出席の場合はお祝いのメッセージを、欠席する場合は、理由とおわびのことばを書き添えましょう。

👑 華やかで上品な装いで

白は花嫁の色です。結婚式に着ていく服装は、白のスーツやドレスは避けるべきです。パステルカラーなどやわらかな色合いがおすすめです。黒はビーズやラメ入り、サテン素材など華やかなものならいいでしょう。肌の露出が多い場合は、ストールなどで覆いましょう。

ご祝儀袋に入れるもの

結び切りのご祝儀袋を用意し、水引の下に送り主の名前を記入します。現金は中包みに入れ、金額は旧字体で書きます。お祝い金の額は、平均すると2〜3万円としている人が多いようです。新札を用意し、ご祝儀袋には、肖像画が上になるように入れます。

披露宴が始まる前に

会場へは、遅くても15分前には到着するようにしましょう。コートなど、小さなバッグ以外はクロークに預けます。受付では、名前を告げてお祝いのことばを述べ、ご祝儀を渡して記帳を済ませます。着席したら、同じテーブルの人に軽く自己紹介をしておきましょう。

スピーチ中の食事はマナー違反?

スピーチや余興の最中でも、食事の手を止める必要はありません。ただし、同席の人がスピーチをする場合は手を止めたほうがいいでしょう。スピーチや余興が終わるタイミングを見はからって、拍手するのを忘れずに。

小さなマナー集

〈気品あふれる話し方〉

話し方には、その人の知性や教養がにじみ出るもの。気品のある話し方ができてこそ、プリンセスといえるのです。話す相手や場面で表現を使い分けることも大切。「でも」「どうせ」なんて否定的なことばはつかいません。

👑 美しい発音をこころがける

好感をもたれる話し方の大前提は、相手にきちんと声が聞こえることです。芯の通ったハリのある声を出すよう心がけましょう。ことばをひとつひとつはっきり発音し、ハキハキ話すことも大切です。

👑 はやりことばは使わない

友だち同士のくだけた会話の中で使っているはやりことばを、公的な場所や目上の人の前で使わないこと。敬語には気をつけていても、自分のことを話すとき、ついついはやりことばが出てしまったりするので要注意です。

👑 こころを込めて話す

相手に何かを伝えたいと思ったら、こころを込めて、エネルギーを使ってことばを発するように心がけましょう。そうすることで、声に思いが宿り、その人なりの"声の表情"が生まれます。もちろん、笑顔も忘れずに。

👑 美しいことばづかい

いつものことば	プリンセスのことば
久しぶり!	ごぶさたしております
ちょっと待って	少々お待ちください
いいですか?	よろしいでしょうか?
どうですか?	いかがでしょうか?
〜してください	〜していただけませんでしょうか?
〜しないでください	ご遠慮いただけますか?
でも……	おことばを返すようですが
できません	いたしかねます
わかりません	わかりかねます
すみませんが……	恐れ入りますが……
ここに・あそこに	こちらに・あちらに

○ 映画館で席をつめてもらいたい
「すみません、席をつめてください」
→「恐れ入りますが、席をつめていただけませんか?」
○ 気の進まないお誘いには
「予定があるので、行けません」
→「せっかくですが、約束がありまして。また誘ってくださいね」
○ パーティーで話の輪に加わるとき
「一緒にいてもいいですか?」→「ご一緒しても、よろしいでしょうか?」

Lesson 7

プレゼントの心得

Lesson 7 – 1
プレゼントの心得

プレゼントは心を贈るもの

プレゼントは、人を幸せな気持ちにしたり、元気づけたりする力を持っています。

　プリンセスは、人にプレゼントをするのが大好きですし、タイミングよく、相手に喜ばれるものを選んで贈るのが上手です。

　思いやりと感謝の気持ちがいっぱいで、その思いを伝えたくて品物に託すのです。「プレゼントをあげたのだから……」と見返りを期待する気持ちはありません。ですから、贈られたほうも、「お返しをどうしよう」などと心配することもないのです。

　人に負担を感じさせることなく、さりげなくプレゼントをするには、気配りとちょっとした遊びごころが必要です。

　ポイントは、相手のことを思い、愛情を品物に乗せること。メモ帳やふせんなど、ちょっとしたものでかまいません。プレゼントをしてみてください。大げさなものでなくても、相手を思って選んだものなら、日頃の感謝の気持ちは十分に伝わります。

　プレゼントすること自体を楽しみながら、贈る相手が好きそうなものを選んでプレゼントできれば、あなたもプリンセスの仲間入り。

Lesson 7-2
プレゼントの心得

手みやげは季節のおみやげ

訪問するときの手みやげには、旬の食材など季節感のあるものがぴったりです。

　和菓子屋さんでは、春には桜もち、夏には水ようかん、秋には栗きんとん、と季節を楽しむ期間限定の生菓子がずらりと並んでいます。

　洋菓子でも、いちごの出盛りにはいちごのケーキやムース、ハロウィンのパンプキンパイ、12月にはクリスマス限定ケーキ……と、季節感を取り入れたお菓子がショーケースに並んでいるものです。百貨店などの果物専門のお店では、旬の果物がきれいにかごに詰められています。

　そんな季節感ある手みやげは、四季の恵みを楽しめますし、気づかいを感じられる一品です。

　ただし、手みやげは、先方の家族構成を考えて選ぶようにしましょう。ひとり暮らしの方に生菓子のセットを持っていっても、食べきれるものではありません。

　また、ワイン・紅茶・コーヒーなどの嗜好品は好き嫌いもあり、案外むずかしいもの。相手の好みをきちんと把握していないかぎり、避けたほうがいいでしょう。

Lesson 7-3
プレゼントの心得

お礼は年中行事によせて

お中元やお歳暮の時期ではないけれど、お世話になった方にお礼をしたいと思ったとき。年中行事にタイミングを合わせて、その行事にちなんだものを贈ると、とても喜ばれます。
　たとえば、節分なら豆まきセット、ひな祭りには雛あられ、七夕にはそうめんといった感じです。
　年中行事というのは、忙しかったり、つい忘れてしまったりと、何もせずに済ませてしまうことが多いもの。
　そこへ、四季を感じさせる品物が届けば、年中行事を楽しむきっかけとなり、気持ちを豊かにしてくれるのです。
　お店から送ってもらう場合も、お願いすればカードや手紙を入れてもらえます。お礼のことばを手書きで記し、同封してもらいましょう。あなたの気持ちがまっすぐ相手に届きます。

Lesson 7-4
プレゼントの心得

贈るなら、自分もおいしい産地直送

産地直送のお取り寄せは、ほんとうにおいしいものを旬の時季にいただくことができる、うれしいシステムです。プレゼントしても、とても喜ばれます。
　果物や野菜などの旬の食材は栄養価も高く、おいしさも抜群。
　ただ、自分では食べたことがないものを、「有名なので」という理由で贈るのはやめましょう。贈り物はすべて〝自分が食べておいしいと思ったもの〟を贈るのが基本。
　贈り物が相手に届く一週間前に、手書きのあいさつ状を送りましょう。品物を選んだ理由や感謝の言葉などを事前に書いて送っておくのがマナー美人です。
　お気に入りのお店の資料を集めて「産地直送ファイル」をつくっておくと、プレゼントを考えるときに便利です。よそからいただいた産地直送のものがおいしかったら、店名や住所、電話番号をメモに残しておきましょう。
　また、ときには気になるものをお取り寄せしてみて、おいしければファイリングしておくのも楽しいもの。
　大切な人にお中元やお歳暮など贈り物をするとき、相手に合わせて「あの品物を送りましょう」と自分のファイルの中から選べるのが素敵です。

Lesson 7-5
プレゼントの心得

旅行みやげはその地の魅力をお福分け

プレゼントを選ぶとき、いちばん大切なのは「相手の好きなものを贈る」ことです。
　普段から接していれば、相手が好きなもの、趣味やコレクションなどが自然とわかるもの。もちろん、「どんなものが好き？」と事前に聞いておくのもいいでしょう。
　相手のそんな情報を知っていれば、旅行先でも、おみやげを何にしようか悩むことはありません。
　海外旅行のおみやげで避けたいのは、その場所に行かなくても買えるブランドもののお化粧品やお酒などを免税店で買うこと。それから、たとえば、ハワイならマカダミアンナッツの入ったチョコレートが定番だからと、それで済ませたりすること。
　せっかく海外に行ってお買い物をするのだから、その土地でしか買えないものを選びましょう。
　そのときに、相手が好きなものを把握しておけば、それにちなんだものを探すことができます。料理好きのお友だちなら、その土地ならではの調味料入れや食材。アロマテラピーが好きな相手なら、その地で人気のお香やキャンドルを。
　そんなつもりでアンテナを張り巡らせて探せば、素敵なものはたくさん見つかります。相手も、自分のことを考えてわざわざ選んでくれたと感じて、きっと喜んでくれるでしょう。

Lesson 7–6
プレゼントの心得

お中元・お歳暮リストをつけておく

お中元やお歳暮は、日ごろお世話になっている方へ感謝の気持ちを表現できる、いってみればとても便利なならわしです。

　形式ばった習慣ととらえるのではなく、「ありがとう」を形にする絶好のチャンスとして、心を込めて贈りましょう。

　ただ、お中元やお歳暮は、年に２回同じものを贈ってしまったり、去年は贈ったのに今年は贈りそこなった、という失敗も起こりがち。

　そこでおすすめしたいのが、贈答品のリストをファイルして残しておくこと。

　そうすれば、「去年はみかんを贈ったから、今年はリンゴを」と贈るものを工夫できますし、贈りたい人、贈るべき人に、もれなく気持ちを届けることができるのです。

　クリスマスやお誕生日のプレゼント、年中行事に合わせて贈った品物についても、少なくとも３年くらいは記録を残しておきましょう。相手の反応もメモしておけば、どんなものが喜ばれるかがわかり、プレゼント上手になれるのです。

小さなマナー集

〈贈り物の豆知識〉

贈り物に"思いやり"と"感謝の気持ち"を込められるようになれば、マナー上級者です。お花をプレゼントする場合は、贈るかたちも様々ですしタブーもあるので、お店の人に相談するのがいいでしょう。

贈り方＆贈られ方

贈り物を郵送するときは、手紙をつけましょう。お店から送る場合は、事前にメッセージカードを用意しておき、同封をお願いします。贈り物を受け取ったときは、その場で素直に喜びのことばを伝えましょう。郵送でいただいたなら、すぐに電話をしてお礼を言います。

贈り物のタブー

結婚祝いには"割れる""壊れる"を連想させるガラスや陶磁器はタブー。病気のお見舞いでは、鉢植えは「根つく」が「寝つく」につながるので避けましょう。一般的なお祝いでは、ハンカチは「別れ」、くしは「苦死」を連想させるために、縁起が悪いとされます。

贈り物のお返し

「結婚祝い」「出産祝い」「病気お見舞い」をいただいたときは、お返しをするのがマナーです。いずれも半返し（半分の金額に相当するもの）が基本。ただし、年下の人からの贈り物に対しては、半額より多めにお返しを。

花ことば

春の花

スイートピー	優しい思い出・ほのかな喜び
すずらん	幸福がおとずれる・純潔
チューリップ	(赤)愛の告白・(白)長く待ちました・(黄)望みなき恋
バラ	(赤)愛・(白)純潔・(黄)嫉妬
フリージア	期待・あこがれ

夏の花

あさがお	愛情のきずな・固い約束
あじさい	移り気・あなたは冷たい
ジャスミン	愛の悦び・気だてのよさ
ハイビスカス	新しい恋・華やか
ひまわり	あなたを見つめます

秋の花

キキョウ	気品・変わらぬ愛
きんもくせい	謙遜・真実
コスモス	乙女の真心
ダリア	エレガント・華麗
ぶどう	好意・信頼

冬の花

カトレア	純粋な愛・優美さ
シクラメン	はにかみ・清純
スイセン	うぬぼれ・愛にこたえて
スノードロップ	希望・初恋のまなざし
ヒヤシンス	変わらない愛情

Lesson 8
きれいは毎日のくらしから

Lesson 8 – 1
きれいは毎日のくらしから

すべてのきれいは掃除から

プリンセスのきれいの基本は"掃除"です。
　いつも家の中をピカピカにしているから、それが雰囲気ににじみ出て、清潔感が漂う女性らしいイメージとなるのです。
　もし、お部屋が汚れていたり、散らかり放題だったりすると、いくらきれいに着飾って外出しても、どこかにそのだらしなさが顔をのぞかせます。
　だから、こまめに掃除をしましょう。
　掃除はまず、「余分なものを捨てること」からはじまります。去年１度もそでを通さなかった洋服類、たまった雑誌、１年以上前に購入したけれど使っていないお化粧品、いつか使うかもしれないと思って取っておいたかわいいビンや缶。持ちものを選り分けて、そういったものは思い切って処分しましょう。

　普段の掃除のポイントはつぎの３つ。
①汚れているなと気になったら、その部分をすぐに掃除。
②鏡を毎朝、磨きます。鏡は、あなたの身だしなみを映してくれる大切なアイテム。心を込めてきれいにします。同じく、窓ガラスも毎朝拭く習慣をつけると、部屋が明るくなり、とても気持ちがいいのです。
③寝るまえに、台所・洗面所・お風呂の蛇口をタオルで拭きましょう。朝、起きたときに蛇口がピカピカに光っていると、気持ちよく１日を始めることができるのです。

Lesson 8–2
きれいは毎日のくらしから

ぴかぴか肌は食事がつくる

完璧にメイクをする以上に、素顔のときの肌の美しさを大切にするのがプリンセスの身だしなみ。

　ぴかぴか肌をつくるには、きちんとした生活習慣は、欠かすことができません。

　とくに基本となるのが食べ物です。朝、昼、夜と規則正しく食事をし、栄養を考えて肌にいいものを摂ることが大切。いま食べている食事が、未来のあなたの肌をつくるのです。

　そのためには、やっぱり自炊をすることが基本。栄養価の高い旬の野菜を上手に取り入れて、バランスのいい食生活を心がけましょう。コツさえつかめば、おいしいものが簡単に、バリエーション豊かにつくれるようになります。

　また、メイクをちゃんと落とし、きちんと洗顔をして眠る習慣をつけましょう。しっかり保湿をすることも、忘れないように。

　それから、日焼けをしてしまうと、やがてシミやそばかすで大変な思いをすることに。１年中、ＵＶ対策を怠らないことも美肌づくりの大切なポイントです。

Lesson 8 – 3
きれいは毎日のくらしから

手がきれいはレディの証

映画『風と共に去りぬ』の中に、「レディは手を見ればわかる」というセリフが出てきます。
　手がきれいなことは、プリンセスの証です。
　手はいつも見られています。食事をするときの手、ものを渡すときの手、指し示す手、机の上に置いた手、ノートをとるときの手、握手するときの手……。ふとした瞬間に、人の視線にさらされます。
　爪をきれいに整えるだけでなく、手を石けんで洗い、ハンドクリームをつけることを習慣にしましょう。
　マニキュアは、自分で上手に塗れるように練習を。1、2回ネイルサロンに通い、似合うネイルを選んでもらって購入し、プロの塗り方をあわせて研究するのもよい方法です。つけ爪は上品さに欠けるので避けたいもの。
　あらたまった場所にでかけるときの色は、うすいピンク系かベージュ系のネイルで、上品に仕上げましょう。ただし、毎日ネイルを塗りつづけると、爪が傷むこともあります。たまには、何もつけずに爪を休ませることも、きれいな指先を保つためには必要ですよ。

Lesson 8-4
きれいは毎日のくらしから

光る靴で歩きましょう

靴はいつも、ぴかぴかに磨いておきたいものです。

　自分に合ったいい靴を、大切に履くのがプリンセス。買うときには、必ずお店で試着しましょう。鏡で前、横、うしろからチェックしたり、少し歩いて履き心地を確認してから買うこと。

　ブラシをかけ、クリームを塗って磨き、いつも新品の状態を保ちましょう。買ったときすぐに、靴屋さんで裏にすべり止めを貼ってもらうと、靴が長持ちします。

　また、革が一部分ささくれだったりした場合、爪ようじの先に瞬間接着剤をつけて、その部分に塗り、ぐっと押さえれば元通りに。かかとはすり減るまえに、ゴムの部分を靴修理屋さんで取り替えてもらいましょう。

　雨の日に革靴を履くと、とたんに傷んでしまうので注意。もし雨に濡れてしまった場合は、新聞紙を丸めて靴の中に入れ、何度か取り替えて湿気を取ります。乾いたら、すぐに磨きましょう。こまめなお手入れが、靴をいつまでもきれいな状態に保ってくれるのです。

　靴だけでなく、ものを大切にすること。それがきっかけとなって、細やかなことに目がいき、人への気配りもできるようになります。靴のお手入れは、プリンセスになるための大切な一歩です。

Lesson 8 – 5
きれいは毎日のくらしから

電話・メールもきちんとルール

電話や携帯電話、パソコンのメールにも、守りたいマナーがあります。
　まず、電話をかけたときは「いま、よろしいですか?」と相手の状況を確認することばを忘れずに。こちらは都合がよくても、相手にとってはタイミングが悪い、ということもありうるのです。「いまちょっと忙しい」と言われることもあります。そのときは、「何時ごろだとご都合がよろしいですか?」と相手の都合を確認して、改めて電話をしましょう。
　これはお友だちの場合も同じです。「いま、大丈夫?」というひとことは、相手への心づかいです。
　また、携帯電話はとてもプライベートな通信手段。相手に直接つながるので、少しくらい夜遅くても大丈夫という気安さがあるようですが、相手が自分と同じ生活パターンとはかぎりません。携帯電話の場合でもマナーとして、朝9時から夜9時までの間にかけることがルールです。
　パソコンのメールで気をつけたいのは、メールの無味乾燥な文字や画面では、こちらが伝えたい微妙なニュアンスや気持ちは伝わりづらいということ。とても重要なことは、メールにしないほうが間違いが起こりません。
　誤解されては困る大切なことや、ややこしい内容の場合は、メールではなく、電話をかけたり、直接会って話すようにしましょう。

Lesson 8 – 6

きれいは毎日のくらしから

プリンセスの手帳

プリンセスは、自分にとって大切な夢や情報がいっぱいつまった手帳を１冊、持っているものです。書き込まれている内容は、だいたい次のようなものです。

①スケジュール（もちろんです）。
②自分がかなえたい夢が特別なページに書いてあります。実現が期待できるかどうかわからない大きな夢でもかまいません。いつも持ち歩いている自分の手帳に書き込むことに意味があります。いつも、その夢を意識して生活していられるからです。
③年間スケジュールには、家族やお友だちのお誕生日が書かれていて、忘れずにプレゼント。
④お気に入りのレストランのリストが書き込まれています。
　（電話番号、営業時間、定休日なども書いておくと、予約を入れるときに便利です）
⑤住所録は、毎年更新されています。12月末までに、翌年の手帳に新しい住所録が書き込まれます。よく利用するお店やかかりつけの病院、行きつけのヘアサロンの電話番号も記入されています。
⑥本を読んだり、人と話しているときに心に残ったことばが、その場で書きとめられています。

　さて、ここにあげたのは、ほんの一例にすぎません。
　あなたもぜひ、自分の夢や素敵なことば、情報を好きなように工夫して書き込める手帳を持ち歩きましょう。

Lesson 8 – 7
きれいは毎日のくらしから

お花で部屋のうるおいを

玄関やテーブル、あるいは部屋の隅のちょっとしたスペースに、いつもお花や観葉植物を飾りましょう。

　お花が1輪さしてあるだけで、その場の雰囲気はとても優しく、明るくなります。お花のオーラが、部屋じゅうを満たしてくれるのです。季節に合ったお花を飾れば、部屋のなかにも季節感が出ます。また、パキラやサンセベリアなどの観葉植物は、その場を浄化する力があるといわれます。

　花は茎が長いと、水を吸い上げるのが大変。元気がなくなってきたら、茎を短く切ってあげると、また水の上がりがよくなって、美しく咲いてくれます。

　さらに元気がなくなったときには、花の部分だけをコップやお皿に浮かべて。最後までその花の美しさを大事にしてあげましょう。

　植物によって最適な明るさ、場所、水やりの回数は違います。きちんと守れば、ぐんぐん成長し、イキイキした元気なグリーンが部屋の中にうるおいをもたらしてくれます。

　プリンセスは、植物のお世話が上手です。植物の様子に目配りをし、愛情を注いで育てるうちに、人に対する細かい心配りも自然とできるようになります。

　いつも手入れされた、元気いっぱいのお花や観葉植物に囲まれたくらし。そこから、美しい心が育まれていくのです。

Lesson 8-8
きれいは毎日のくらしから

眠るまえには温かい飲み物を1杯

プリンセスは、おとぎばなしの中のお姫さまのように、ぐっすり深い眠りにつきます。

　眠りは健康のため、肌を美しく保つために、大切なことです。

　でも、眠りが大切なわけは、それだけではありません。

　ぐっすり眠った朝の目覚めは、とてもさわやか。一日中ニコニコと笑顔を絶やさず、元気に過ごすことができるのです。たっぷり睡眠をとると、気持ちにもゆとりが生まれ、人への思いやりや愛情が自然にあふれ出てきます。

　そのためにも、心地よい幸せな眠りにつく準備を怠らないようにしましょう。

　眠るまえに温かい豆乳や甘酒などを1杯、いかがでしょうか。

　温かい飲み物は、眠るまえのひととき、「明日はどんないいことがあるかしら」と楽しいことを想像する時間にぴったりです。

　また、よりよい眠りは、光や音、香りを工夫することでも得ることができます。

　足元にスタンドを置き、やわらかな光を少しだけ。音楽は、クラシックやヒーリングミュージックなどの静かなものを。眠りを誘う効果があるお香を焚いたり、アロマスプレーをひとふきするなど、香りも工夫して。

　寝具も大切です。毎日、洗いたての枕カバーやシーツを使うと、気持ちのよい感触があなたを包み、いつの間にか幸せな深い眠りにつくことができるのです。

小さなマナー集

〈かばんの中身〉

かばんに入れる小物類は、長く使える質のいい品物、気に入ったものをそろえましょう。自分にとって大切なものが入っているから、キラキラした特別感が心に芽生えるのです。かばんの中はすっきり整理して、必要なものがすぐに取り出せるようにしておきましょう。

♛ ティッシュケース

ポケットティッシュは、ティッシュケースに入れて使います。好きな布を見つけてきて、手づくりするのも楽しいもの。

♛ ポーチ

かばんの中身はカテゴリー別に小分けして別々のポーチに入れておくと、すぐに取り出せて便利です。ポーチは傷むので、ときどき新しいものに替えましょう。

♛ 3枚のハンカチ

ハンカチには、「手をふく」「汗をぬぐう」「ひざかけに使う」という3つの用途があります。ですから、ハンカチは3枚、大きさやデザインの違うものを持ち歩きます。

👑 手鏡

コンパクトとは別に手鏡を持ちましょう。お化粧の具合などをチェックしたいときには、コンパクトではなく手鏡を取り出すほうが、女の子らしく、ずっと素敵です。

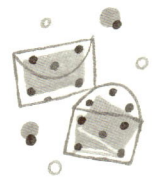

👑 紙石けん

外出先の化粧室では、石けんを備えつけていないところもあります。いつも紙石けんをかばんの中に入れておき、お食事の前には手を洗いましょう。

👑 ハンドクリーム

手の美しさを保つために、石けんで手を洗ったら必ずハンドクリームをぬります。ハンドクリームはいつもカバンに携帯！ 細やかなお手入れが、美しい手をつくります。

👑 歯みがきセット

食事の後には、虫歯や口臭を予防する意味でも、必ず歯をみがきます。外出先でもみがけるように、歯みがきセットを持ち歩きましょう。

👑 おしろいつきの脂とり紙

おしろいつきの脂とり紙は、お化粧直しもできて一石二鳥のすぐれもの。化粧品メーカーのカウンターなどで販売されています。脂浮きをおさえ、パウダー効果があり、とっさのお化粧直しに役立ちます。

小さなマナー集

〈大切な日の身だしなみ〉

プリンセスの身だしなみ、いちばんの条件は"清潔感"です。おでかけの日は、清潔感をテーマに身だしなみを整えましょう。ただし、普段の生活が、雰囲気ににじみ出るもの。"いつも清潔にしている"ことが大切です。

👑 香水のつけ方

スプレータイプのものを、体から20cmくらい離して空気にシュッとひと吹きします。その中を通って、霧状の香水を全身にまとうのが、「ほのかに香る」上品な香水のつけ方。香水びんからつけるときは、太ももの内側、ひざから10cm上のあたりにつけます。

👑 自分らしさを活かしたメイク

欠点をカバーするメイクではなく、チャームポイントを活かすメイクが、きれいに見せる近道です。「目」「口」「鼻」「肌」の中で、どれが自分のチャームポイントかを見極めて、そこをメイクで目立たせます。

ネイルはピンク＆ベージュ系

大切な日にマニキュアを塗る場合は、つけ爪や、アート系のネイルは避けること。ピンクやベージュ系の1色、あるいは透明のほうがずっと上品です。

月に1度は美容室へ

美容室に行くだけで、ぐんと清潔感がアップして、印象が変わるものです。逆に、髪の毛が乱れていたり、傷んだままだと、美しさが半減。清潔感のある、明るい印象にするためにも、月に1度は美容室に行き、ツヤのある美しい髪型を保ちましょう。

お風呂はバスタブにゆっくり浸かる

シャワーだけでは、毛穴の奥の汚れは浮き出てきません。毎日ゆっくりバスタブに浸かって、体の中から疲れと汚れをしっかり取り去りましょう。天然塩をひとつかみバスタブに入れると、汗がたくさん出て、心も体もリラックスできるはず。

おわりに

私はみなさんに、マナーを楽しく身につけてほしいと思っています。この本には、マナー美人になれるエッセンスをまとめました。最初から通して読んだり、その日の気分でページを開いて「今日は、このひとつだけ気をつけよう」としたり……。
毎日、身近に置いて、笑顔で楽しく行動していただけたら嬉しいです。きっと、この本が、あなたの心を透明にして、キレイにしてくれる栄養源になってくれます。
女性はみんな「自分磨きをしたい！」「キレイになりたい！」と思っているはず。でも、何をしたら良いのか分からず、自信を持てないでいる人がたくさんいます。そんな女性たちが「なりたい自分になる」ために、私は、マナー、話し方、プラス発想、イメージアップなど、内面・外見トータルの自分磨きスクール「シェリロゼ」を経営しています。たくさんの受講生と接し、みんなと一緒に、私も成長を続けています。
みんなが知りたがっていること、実際に行動して効果が高かった

ことを、この本に入れました。マナーを身につけたら、ワクワクする楽しいことが増えます。自分の輝く未来に期待して、実行してくださいね♪　せっかく、世界で唯一の存在として生まれてきたのだから、自分の魅力に気づいて、キラキラ輝いて欲しいと思います。

『プリンセス・マナーブック』が 2005 年に単行本で出版されて以来、小学生から年配の方まで、多くの方から感想をいただきました。マナー美人が増えて嬉しいです。今回の文庫化にあたり、手に取ってくださるお一人お一人が、素敵なプリンセスになれるよう、熱い思いを込めて改訂をしました。
あなたにすべての良きことが、降り注ぎますように☆
いつか、お会いできることを、楽しみにしています。
ご縁に感謝♥

　　　　2014 年 1 月　　　井垣利英（東京・恵比寿のオフィスにて）

本書は2005年11月に小社から刊行した『プリンセス・マナーブック』
に大幅に加筆したものです。

井垣利英(いがき・としえ)

株式会社シェリロゼ 代表取締役、自分磨きプロデューサー、マナーコーチ。中央大学法学部卒業。フリーアナウンサーなどを経て、2002年に起業。プラス思考、話し方、マナー、メイクなど内面・外見トータルの自分磨き【ブラッシュアップ講座】、企業での社員研修を開催。テレビや雑誌、新聞の自分磨き、マナー関連の取材多数。著書は13万部を突破した『しぐさのマナーとコツ』(学研)、『女磨きの心得』(学研)など。

シェリロゼホームページ
http://www.c-roses.co.jp

井垣利英ブログ
http://ameblo.jp/cherieroses

だいわ文庫

上品(じょうひん)なのにかわいい
プリンセス・マナーブック

著者	井垣利英(いがきとしえ)

Copyright ©2014 Toshie Igaki
Printed in Japan
2014年3月15日第1刷発行
2015年5月10日第4刷発行

発行者	佐藤 靖
発行所	大和(だいわ)書房

東京都文京区関口1-33-4 〒112-0014
電話 03-3203-4511

装幀者	鈴木成一デザイン室
執筆協力	中西后沙遠
本文デザイン	塚田佳奈(ME & MIRACO)
本文イラスト	小林 晃
本文印刷	信毎書籍印刷
カバー印刷	山一印刷
製本	小泉製本

ISBN978-4-479-30473-9
乱丁本・落丁本はお取り替えいたします。
http://www.daiwashobo.co.jp

ふろく プリンセスのクローゼットの中

日傘
晴れていても曇っていても、紫外線からお肌を守る日傘は必需品。白はエレガントだけれど、日焼け防止には黒い日傘が効果大。

パールのネックレス
上品なパールのネックレスは、パーティや冠婚葬祭用にひとつは持っていたいアクセサリーです。

パーティ用の靴・布製の靴袋
パーティ専用に、プリンセスらしい靴をそろえます。会場に持っていって履き替えるために、布製の靴袋も用意して。

ショール
春夏用と秋冬用があると便利です。暑い季節は冷房対策に、寒いときはひざかけに。

小ぶりのポーチ型のバッグ
レストランでは、大きなバッグはクロークに預けます。席についたら、バッグは背中といすの間か足もとに近い床に置きましょう。

お気に入りの手鏡
鏡はきれいになるための魔法の小道具。持っているだけで幸せな気分になれる可愛い手鏡を毎日のぞいて魅力アップ。